Un libro de Las Raíces de Crabtree

Animales de granja amistosos
VACAS

AMY CULLIFORD
Y SANTIAGO OCHOA

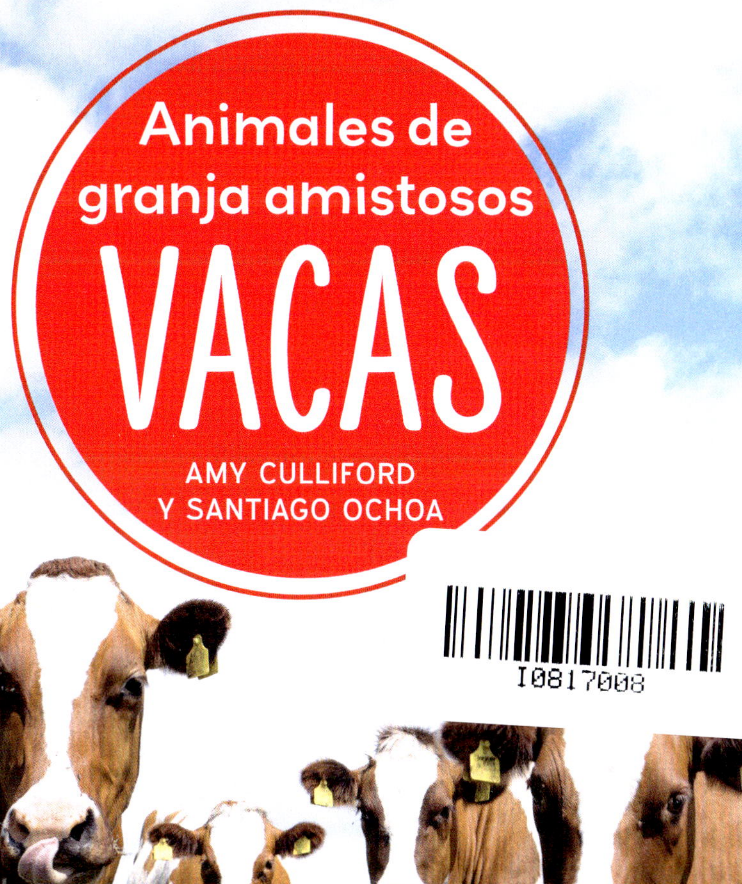

I0817008

Crabtree Publishing
crabtreebooks.com

Apoyos de la escuela a los hogares para cuidadores y maestros

Este libro ayuda a los niños a crecer al permitirles practicar la lectura. Las siguientes son algunas preguntas de guía que ayudan a los lectores a construir sus habilidades de comprensión. Las posibles respuestas están en rojo.

Antes de leer:

- ¿De qué creo que trata este libro?
    - *Este libro trata sobre las vacas.*
    - *Este libro trata sobre las vacas que viven en granjas.*

- ¿Qué quiero aprender sobre este tema?
    - *Quiero aprender sobre todo tipo de vacas.*
    - *Quiero aprender qué colores puede tener una vaca.*

Durante la lectura:

- Me pregunto por qué...
    - *Me pregunto por qué las vacas tienen manchas.*
    - *Me pregunto por qué las vacas dicen muu.*
- ¿Qué he aprendido hasta ahora?
    - *He aprendido que las vacas pueden ser de diferentes colores.*
    - *He aprendido que algunas vacas pueden producir leche.*

Después de leer:

- ¿Qué detalles aprendí de este tema?
    - *He aprendido que las vacas pueden ser cafés.*
    - *He aprendido que no todas las vacas producen leche.*

- Lee el libro de nuevo y busca las palabras del vocabulario.
    - *Veo la palabra **granja** en la página 5 y la palabra **leche** en la página 10. Las demás palabras del vocabulario están en la página 14.*

Esta es una **vaca**.

Estas vacas están en una **granja**.

Algunas vacas
son cafés.

4847

Algunas vacas son negras y blancas.

Algunas vacas
producen **leche**.

¡Todas las vacas
pueden mugir!

Lista de palabras

Palabras de uso común

algunas
blancas
cafés
en
esta
estas
negras
producen
pueden
son
todas
una
y

Palabras para aprender

granja

leche

vaca

29 palabras

Esta es una **vaca**.

Estas vacas están en una **granja**.

Algunas vacas son cafés.

Algunas vacas son blancas y negras.

Algunas vacas producen **leche**.

¡Todas las vacas pueden mugir!

Crabtree Publishing

crabtreebooks.com 800-387-7650

Copyright © 2021 Crabtree Publishing

All rights reserved. No part of this publication may be reproduced, stored in a retrieval system or be transmitted in any form or by any means, electronic, mechanical, photocopying, recording, or otherwise, without the prior written permission of Crabtree Publishing Company.

In Canada: We acknowledge the financial support of the Government of Canada through the Canada Book Fund for our publishing activities.

Hardcover	978-1-4271-3449-3
Paperback	978-1-4271-3280-2
Ebook (pdf)	978-1-4271-3286-4
Epub	978-1-4271-4592-5
Read-along	978-1-4271-3507-0
Audio book	978-1-4271-4591-8

Printed in Canada/092023/CPC20230905

Library and Archives Canada Cataloguing in Publication

Title: Vacas / Amy Culliford y Santiago Ochoa.
Other titles: Cows. Spanish
Names: Culliford, Amy, 1992- author. | Ochoa, Santiago, translator.
Description: Series statement: Animales de granja amistosos | Translation of: Cows. | Translated by Santiago Ochoa. | "Un libro de las raíces de Crabtree". | Text in Spanish.
Identifiers: Canadiana (print) 20200413929 | Canadiana (ebook) 20200413937 | ISBN 9781427134493 (hardcover) | ISBN 9781427132802 (softcover) | ISBN 9781427132864 (HTML)
Subjects: LCSH: Cows—Juvenile literature.
Classification: LCC SF197.5 .C8518 2021 | DDC j636.2—dc23

Published in Canada
Crabtree Publishing
616 Welland Avenue
St. Catharines, Ontario
L2M 5V6

Published in the United States
Crabtree Publishing
347 Fifth Avenue
Suite 1402-145
New York, NY 10016

Written by: Amy Culliford
Designed by: Rhea Wallace
Series Development: James Earley
Proofreader: Kathy Middleton
Educational Consultant: Christina Lemke M.Ed.
Spanish Adaptations: Santiago Ochoa
Spanish Proofreader: Base Tres

Photographs: Shutterstock: Clara Bastian: cover (tl); Sebastian Knight: cover (tr); Oligo22: cover (b); Anton Havelaar: p. 1; Clara Bastian: p. 3, 12, 14; Maxy Me: p. 4, 14; L.M. Dunn: p. 7; SGr: p. 8-9; RedTC: p. 11, 14

Library of Congress Cataloging-in-Publication Data

Names: Culliford, Amy, 1992- author.
Title: Vacas / Amy Culliford y Santiago Ochoa.
Other titles: Cows. Spanish
Description: New York, NY : Crabtree Publishing Company, [2021] | Series: Animales de granja amistosos - un libro de las raíces de Crabtree | Includes index. | Audience: Ages 4-6 | Audience: Grades K-1 | Summary: "Early readers are introduced to cows and life on a farm. Simple sentences accompany engaging pictures"-- Provided by publisher.
Identifiers: LCCN 2020055624 (print) | LCCN 2020055625 (ebook) | ISBN 9781427134493 (hardcover) | ISBN 9781427132802 (paperback) | ISBN 9781427132864 (ebook)
Subjects: LCSH: Cows--Juvenile literature. | Livestock--Juvenile literatu
Classification: LCC SF197.5 .C8518 2021 (print) | LCC SF197.5 (ebo | DDC 636.2--dc23
LC record available at https://lccn.loc.gov/2020055624
LC ebook record available at https://lccn.loc.gov/2020055625